Mein großes
Kritzkratz-Buch
GLITZER

Name:

....

Los geht's!

Hier erfährst du, wie du mit Kratzpapier tolle Bilder, Dekorationen und Spielsachen gestalten kannst.

Mit dem angespitzten Holzstift kratzt du den pink glitzernden Untergrund frei.

Übe zunächst mit einfachen Formen. Ziehe dicke Linien für Ränder und dünne für Kringel und andere Details.

Mit Pauspapier kannst du den Umriss eines Bildes auf Kratzpapier übertragen.

2 Lege das Pauspapier auf das Kratzpapier und ziehe die Linien nach.

3 Die Übertragungslinien kannst du jetzt als Kratzvorlage nutzen.

1 Male mit Bleistift ein Bild auf Pauspapier.

DER HOLZSTIFT

Der Holzstift in diesem Buch ist bereits angespitzt. Du musst ihn also nicht mehr selber anspitzen, sondern kannst ihn gleich benutzen.

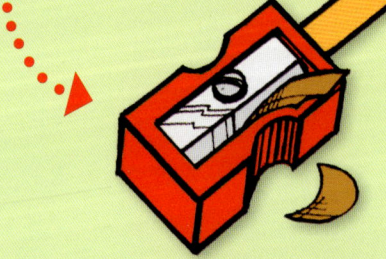

SEI SPARSAM MIT DEM PAPIER!

Die meisten Ideen aus diesem Buch können in jeder beliebigen Größe verwirklicht werden. Überlege, bevor du loslegst, welche Größe dir gefällt, und schneide ein entsprechendes Stück Kratzpapier ab.

GUT ABDECKEN!

Die schwarze Oberfläche bekommt leicht ungewollte Kratzer. Schütze sie deshalb, indem du sie beim Zeichnen mit einem Blatt Papier abdeckst.

MACH KRATZER!

Experimentiere mit verschiedenen Gegenständen, um Kratzer zu erzeugen. Eine Gabel eignet sich zum Beispiel perfekt für parallele Linien.

Tipp:
Bastle dir einfache Schablonen für dein Kratzpapier.

VERSCHIEDENE KRATZBILDER

Probiere aus, welche unterschiedlichen Effekte du auf dem Kratzpapier erzielen kannst.

Gestalte durch Aneinanderreihen von Mustern dekorative Flächen.

Mit einer Kreuzschraffur schaffst du gute 3D-Effekte.

Schraffiere Flächen, um die Objekte räumlicher wirken zu lassen.

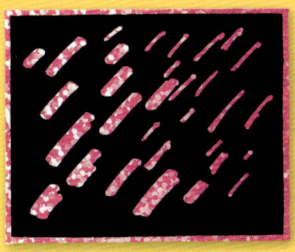

Drücke leichter oder stärker auf und benutze unterschiedlich dicke Werkzeuge.

LAMINIERUNG

Um deine fertigen Kunstwerke zu schützen, kannst du sie laminieren. Besonders gut funktioniert das mit kleineren Bildern. Laminier-Maschinen kann man günstig kaufen oder in einem Kopierladen benutzen. Du kannst auch fragen, ob es eine in deiner Schule gibt.

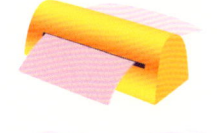 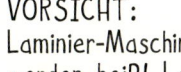

VORSICHT: Laminier-Maschinen werden heiß! Lass dir von einem Erwachsenen helfen.

Lege dein Kratzbild zwischen die Vorder- und Rückseite der Laminier-Folie.

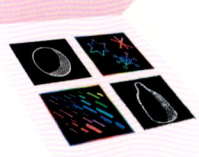

Lege die Folie in die Laminier-Maschine ein.

Schneide deine Bilder mit einer Schere aus.

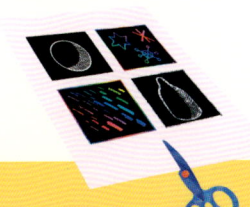

Schmetterling

Mit diesem wunderschönen Schmetterling
kannst du dein Zimmer dekorieren.

1 Falte dein Kratzpapier
an den beiden ange-
zeigten Linien.

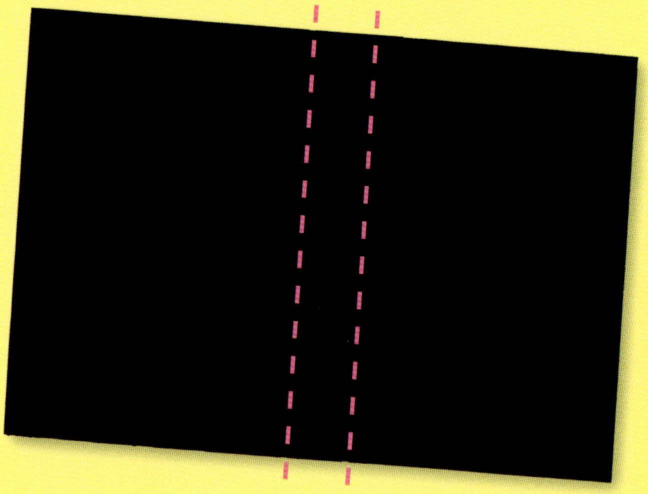

2 Zeichne einen mög-
lichst symmetrischen
Schmetterlingsumriss.

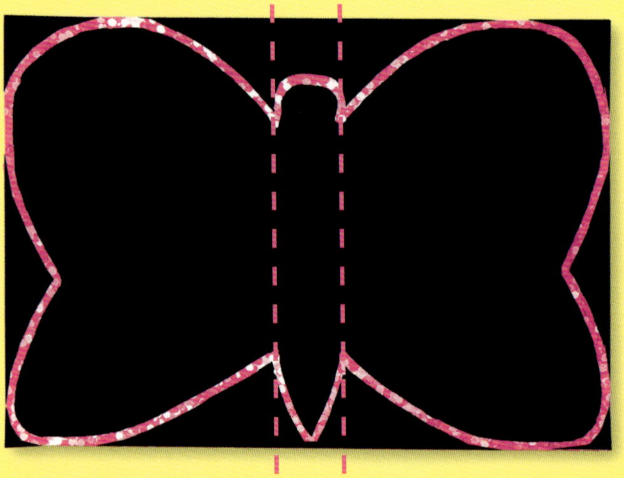

3 Schneide den
Schmetterling
vorsichtig aus.

4 Verziere den Schmetterling
mit Spiralen, Herzen und an-
deren Mustern, die dir gefallen.

Schleifenpracht

Gestalte viele hübsche Schleifen!

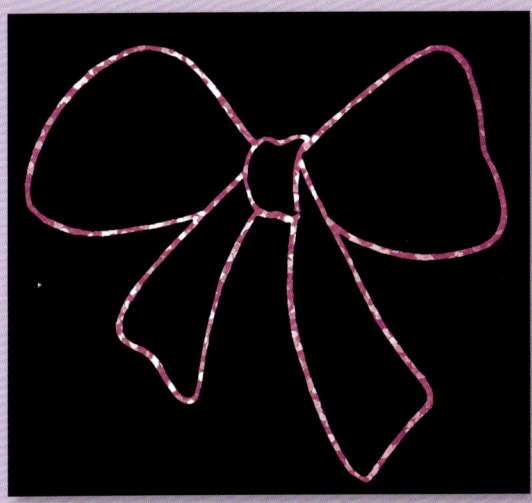

1 Male diesen Schleifenumriss auf dein Kratzpapier.

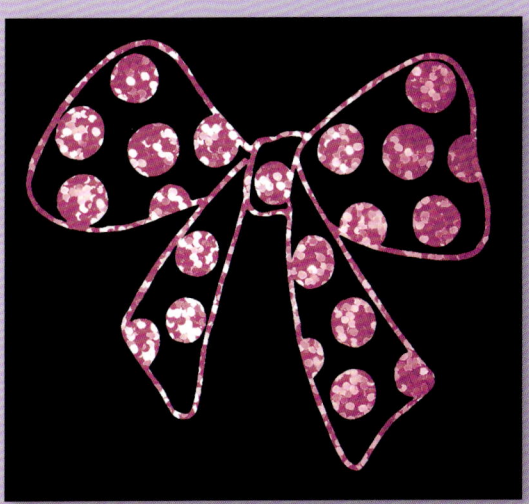

2 Verziere die Schleife mit pinken Glitzerpunkten.

3 Probiere auch Herzen, Sterne und Streifen aus.

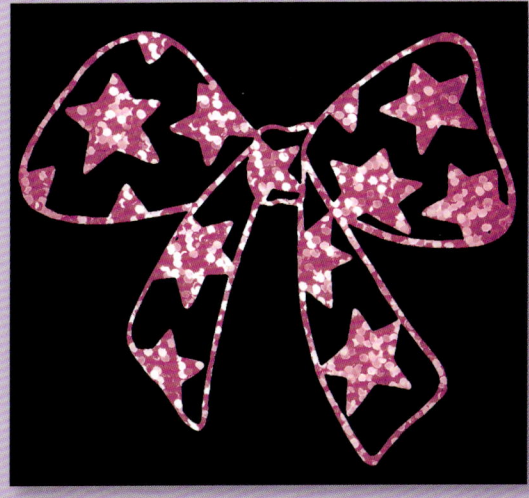

Tipp: Schneide die Schleife aus und trage sie mit einer Sicherheitsnadel als Schmuck.

Herzkarte

Überrasche deine Familie und Freunde
mit einer liebevollen Herzkarte.

1 Falte das Papier
in der Mitte.
Du kannst dafür
auch eine Hilfslinie
zeichnen.

2 Male auf eine Seite ein Herz.
Die zwei oberen Stellen müssen
am Knick liegen und beim Ausschnei-
den unausgeschnitten stehen bleiben.

3 Verziere die Vorder-
und Rückseite der
Karte mit Mustern.

4 Öffne die Karte und
schreibe deine Nach-
richt hinein.

Tipp:
Verschenke
die Karte zum
Muttertag!

LEAS
GEBURTSTAG!

am 26. April
um 15 Uhr

Schmetterlingsland

Erträume dir deinen eigenen Schmetterlingsgarten!

1 Zeichne einen Garten mit Bäumen und Blumen.

2 Male Schmetterlingsumrisse dazu.

4 Vergiss den Mond, Sterne und Sternschnuppen nicht und kratze noch mehr Muster ein!

3 Verziere die Flügel mit verschiedenen Mustern.

Glitzer-ABC

übe diese schnörkeligen Glitzerbuchstaben –
sie sehen super auf deinen Bildern aus!

A B C D E
F G H I J K
L M N O P
Q R S T U
V W X Y Z

Dein Namensschild

Mach dir ein persönliches Namensschild
für deine Zimmertür!

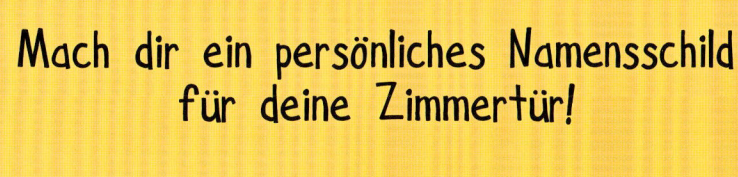

1 Schreibe mit den Buchstaben von Seite 8 deinen Namen auf das Kratzpapier.

2 Verziere die Buchstaben mit unterschiedlichen Mustern wie Spiralen, Streifen oder Herzen.

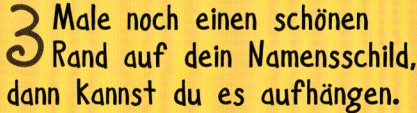

3 Male noch einen schönen Rand auf dein Namensschild, dann kannst du es aufhängen.

11

Zauberhaftes Einhorn

Zeichne ein Einhorn mit magischen Glitzerflügeln.

1 Male den Umriss des Einhorns ab.

2 Füge den Schweif, ein Auge und Nüstern hinzu.

4 Verziere das Horn, die Mähne und den Schweif.

3 Male jetzt die Glitzerflügel.

Glitzer-Sticker

Bastle glitzernde Sticker für die Wand und deine Kleidung.

1 Male ein Herz, einen Stern und eine Raute auf das Kratzpapier.

2 Schneide die Formen vorsichtig aus.

4 Mit etwas doppelseitigem Klebeband auf der Rückseite kannst du die Sticker überall festmachen.

3 Jetzt kommt die Verzierung dran. Je mehr Schwarz du wegkratzt, desto mehr glitzert dein Sticker.

Zauberstab

Bastle dir einen glitzernden Feen-Zauberstab.

1 Male einen großen Stern auf das Kratzpapier.

2 Verziere den Stern mit schönen Mustern wie Spiralen, Herzen oder Rauten.

3 Schneide den Stern vorsichtig aus.

4 Klebe einen Strohhalm auf die Rückseite des Sterns und drehe ihn um. Fertig!

Zauberschloss

Zeichne ein Schloss für eine Prinzessin.

1 Beginne mit dem Umriss und male viele Türme.

2 Male Fenster, Zinnen, Tor, Zugbrücke und Wassergraben.

3 Verziere dein Schloss, bis es glitzert und funkelt.

4 Klebe es auf farbiges Papier und schneide aus dem Papier einen wolkigen Rahmen.

Engel in Pink

Bastle eine festliche Tischdekoration.

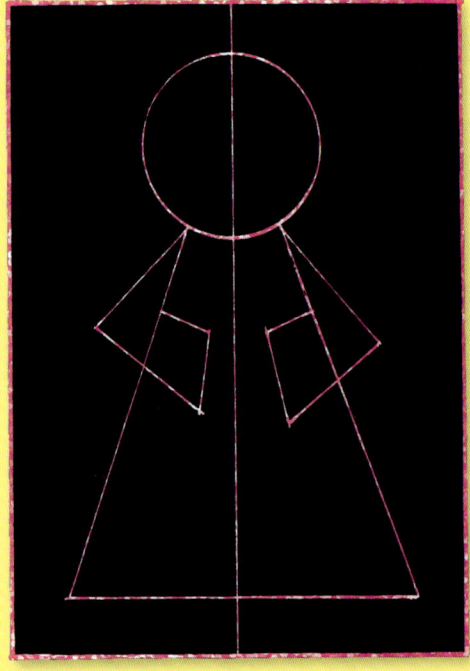

1 Zeichne die Grundform des Engels aus einem hohen Dreieck und einem Kreis.

2 Male Haare, Flügel, Arme und Hände dazu.

Tipp: Stelle zwei Engel Rücken an Rücken.

3 Ziehe die Linien nach und verziere den Engel.

4 Schneide den Engel aus und falte ihn in der Mitte. Öffne den Knick etwas und stelle ihn auf.

Stern-Aufsteller

Diesen Stern kannst du hinstellen oder an einem Faden aufhängen.

1 Male zwei gleiche Sterne auf zwei Stücke Kratzpapier.

2 Verziere die Sterne. Schneide sie so ein, wie die roten Linien es zeigen.

3 Setze die Sterne vorsichtig zusammen.

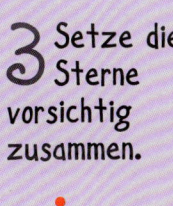

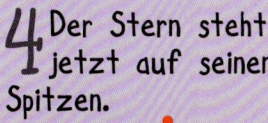

Tipp:
3D-Sterne kannst du aus jedem Karton herstellen.

4 Der Stern steht jetzt auf seinen Spitzen.

Geschenkanhänger

Mit persönlichen Anhängern machst du jedes Geschenk zu etwas Besonderem.

1 Zeichne zwei Rauten auf einen Bogen Kratzpapier.

2 Schneide beide Rauten aus.

3 Verziere die Rauten, aber lass oben etwas Platz.

4 Loche die Rauten oben und zieh ein Band durch das Loch. Schreibe deinen Text auf die Rückseite.

ALLES LIEBE, NORA!

Tipp:
Klebe Pailletten und Strasssteine auf die Anhänger.

Blumenpracht

Verschenke eine prächtige Blumenvase zum Muttertag!

2 Mach wie gezeigt vier Einschnitte. Stecke die Enden des Streifens zusammen.

1 Schneide einen Streifen von einem Bogen Kratz-papier ab.

3 Male einen großen Strauß Blumen mit Blättern.

4 Male jetzt eine schön verzierte Vase.

5 Stecke das Bild in die Schlitze des Papierstreifens, damit die Vase steht.

Meerjungfrau

Zeichne eine Meerjungfrau im glitzernden Meer.

1 Male zuerst eine Wellenlinie für das Meer.

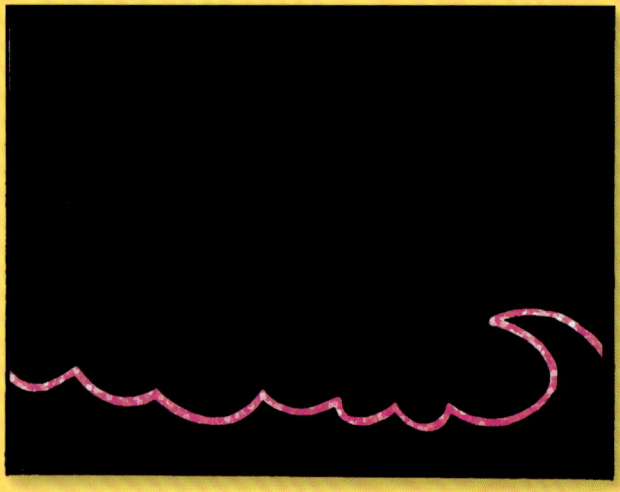

2 Zeichne jetzt den Umriss der Meerjungfrau.

4 Kratze noch mehr Glitzerpink frei und verziere dein Bild!

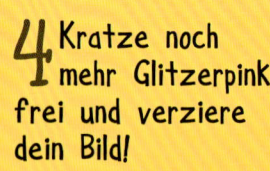

3 Male die Sonne, Wolken und einen Fisch dazu.

Glitzernde Schneeflocken

Dekoriere die Wohnung mit Glitzer-Schneeflocken.

1 Male einige Schneeflocken auf das Kratzpapier. Verziere sie so, wie du es möchtest.

2 Schneide die Flocken vorsichtig aus – du musst dabei nicht zu genau sein.

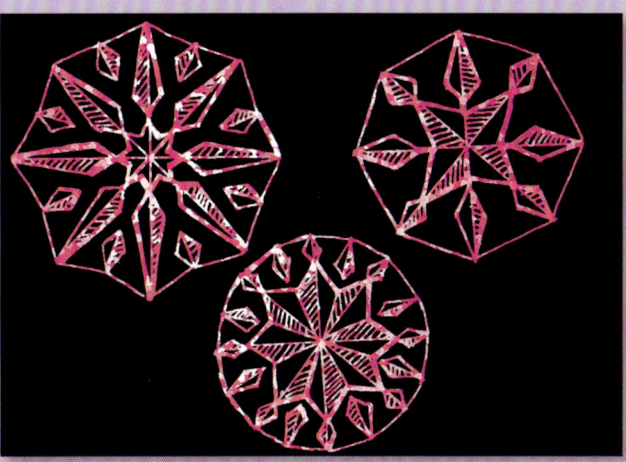

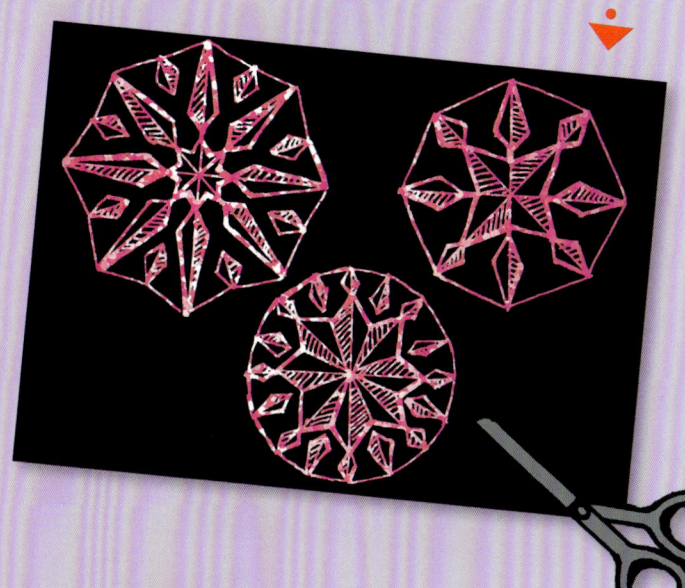

3 Klebe eine Schlaufe aus einem Faden auf die Rückseiten.

Tipp:
Sterne und Rauten sehen auf den Schneeflocken schön aus.

4 Jetzt kannst du die Schneeflocken aufhängen.

Modedesigner

Entwirf trendige Outfits für deine Papierpuppen.

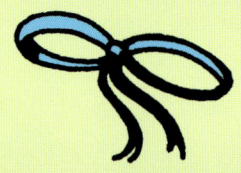

1 Zeichne ein Kleid mit Hut und Schuhen für ein Fest.

2 Entwirf ein luftiges Sommerkleid mit passenden Schuhen.

3 Wenn dir das Kratzpapier ausgeht, kannst du Tonpapier benutzen. Hier sind noch mehr Ideen:

4 Streiche Kleber auf das Papier und bestreue die Klebestellen mit Glitter.

Juwelenbesetzte Krone

Bastle eine Prinzessinnenkrone mit pinken Glitzer-Edelsteinen.

1 Zeichne verschiedene Edelsteine auf das Kratzpapier.

2 Schneide die Steine vorsichtig aus.

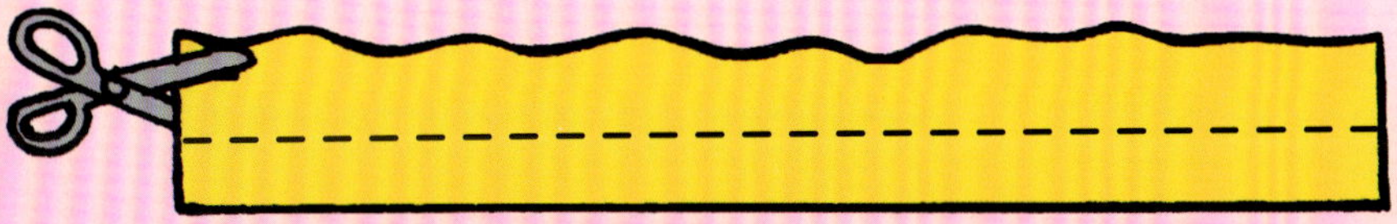

3 Schneide aus gelbem Bastelkarton einen Streifen aus, der um deinen Kopf passt.

4 Schneide auf der einen Seite eine Zickzacklinie aus und klebe die Enden zusammen.

5 Klebe die Edelsteine auf.

Kleber

23

Stelle selber Kratzpapier her!

Um Kratzpapier selbst zu machen, brauchst du stabiles Papier oder Karton und Wachsmalstifte oder Wassermalfarbe.

1 Male das Papier oder den Karton in den Farben deiner Wahl bunt an.

2 Übermale die Untergrundfarbe mit schwarzem Wachsmalstift.

3 Du kannst auch Wassermalfarbe benutzen. Probiere aber erst aus, welche sich eignet, da manche Farben sich schwer abkratzen lassen.

4 Jetzt kannst du mit deinem selbst gemachten Kratzpapier neue Ideen ausprobieren. Tupfe z. B. vorsichtig einen Tropfen Parfüm auf das Papier.